I0758768

EL SENTIDO
COMÚN
Thomas Paine

SENTIDO COMÚN 4

SENTIDO COMÚN

POR
THOMAS PAINE
ADAPTACIÓN Y TRADUCCIÓN
COLIN RIVAS

SENTIDO COMÚN 6

SENTIDO COMÚN 7

Primera edición en inglés, 1776-1781
Primera edición en español, 1820
Segunda edición, 1944
Título original: Common Sense
Diseño de portada: Colin Rivas
Clase impresa por Amazon
Publicado por colinrivas.tv

ISBN 9798851906749

SENTIDO COMÚN 8

SENTIDO COMÚN ₉

"Hay algo muy absurdo en suponer que un continente está perpetuamente gobernado por una isla".
– Thomas Paine

INTRO

"Donde hay libertad, allí está mi patria." Esta idea tiene desde luego sabor español, como apuntaba el autor Henry Brailsford. Debes imaginar que el autor siempre ha de ser uno de los primeros estoicos. La frase es de Benjamin Franklin, y no hay dicho que exprese mejor el sentido humanitario del siglo 18. A lo cual replicaba Thomas Paine: *"Donde no hay libertad, allí está la mía."* He aquí el lema del caballero andante, esta es el lema que arrastró a La Fayette a América y a Byron a Grecia. La moneda de todo hombre que aprecia más la lucha que los placeres, que honra la camaradería por encima del nacionalismo y persigue una idea que ninguna frontera puede detener. Paine en realidad no pertenece a ningún siglo y no es posible encasillarle en ninguna clasificación. El es el Don Quijote anglosajón por excelencia, allá donde haya una causa perdida, está el. Aunque sus libros pueden pertenecer a una época ya pasada; sus actos pertenecen a la leyenda.

Common Sense, first edition, January 1776

Tuve un amigo que creció en una casa que se construyó en la antigua granja de Thomas Paine, en New Rochelle, Nueva York. Su cabaña (todavía abierta a los turistas y visitantes) estaba localizada al final de la calle, y una alta columna de piedra, grabada con sus palabras y rematada por un busto de cobre con su cara, se encuentra en la base de Paine Avenue. Extrañamente nunca estudiamos a Thomas Paine en el colegio o en el instituto en EEUU, al menos no como algo natural, a no ser que algún profesor lo mencione fuera de la educación curricular.

Durante el invierno de 1776, meses antes del primer trimestre del nacimiento de Estados Unidos, Filadelfia escuchó un alegato a la independencia. El alegato no fue un pleito de abogados y juristas, ni una fanfarronería de políticos. Este era un lenguaje común, una lógica común. Esto era ***Sentido Común***.

A pesar del resentimiento por la "tiranía" británica, pocos hablaban de la revolución. Debemos permanecer leales a la corona... Ojalá el rey lo hiciera... Pero este nuevo argumento era claro, poderoso, notable. El folleto vendió 50.000 copias, luego 75.000, y luego 100.000 copias. El **Sentido Común** se reimprimió en los periódicos, se leyó en voz alta en las tabernas y en las plazas de los pueblos, villas y aldeas americanas.

"Si conoce al autor de COMMON SENSE", escribía un periódico de Filadelfia, *"dígale que ha hecho maravillas y obrado milagros"*. Cuando el autor finalmente emergió, su pedigrí era británico pero su historia tan malditamente americana. Como un héroe de cine moderno, su sincronización perfecta, su espíritu en alza, Thomas Paine irrumpió en la escena americana.

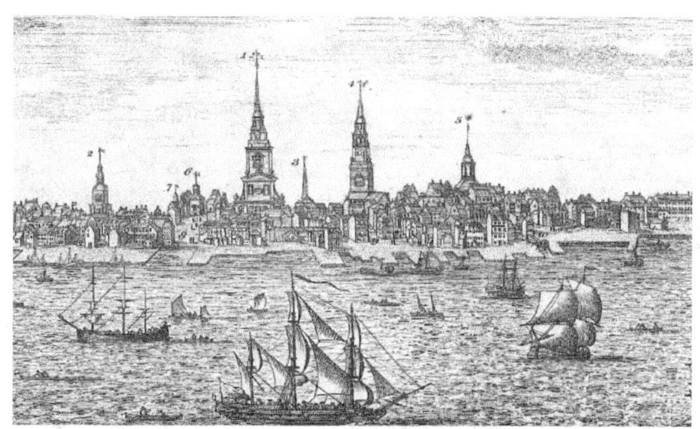

Nacido en una familia pobre de Inglaterra, Paine trabajó como cordelero, recaudador de impuestos y carpintero. Con una educación primaria y un matrimonio fallido a sus espaldas, se mudó a Londres en 1774. Un solo artículo de periódico le permitió conocer a Benjamin Franklin. El viejo impresor y genio tomó al joven escritor y le escribió a Paine una carta de recomendación. En noviembre de 1774, Paine abordó un barco rumbo al oeste.

Durante una tormentosa travesía a través del Atlántico, debido a la pobre nutrición y escaez de agua fresca y comida, la disentería y el escorbuto mató a varios pasajeros. Al llegar a Filadelfia, Paine medio enfermo fue transportado a tierra. Pero en la primavera, cuando se dispararon los tiros de Lexington y Concord, Paine estaba editando la revista Pennsylvania.

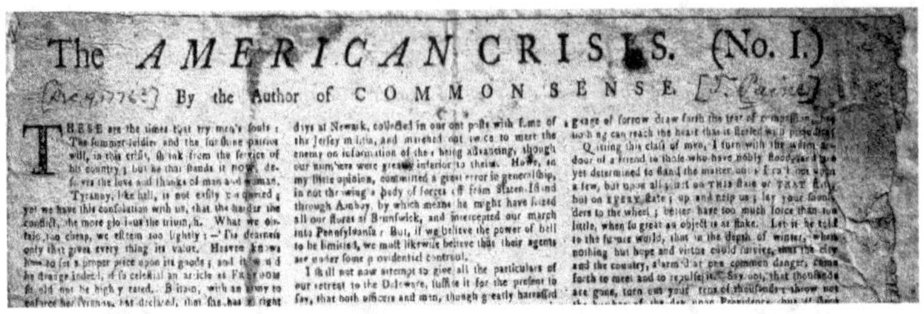

Ese otoño, su artículo sobre la independencia lo llevó a un círculo de rebeldes con ideas afines. El 10 de enero de 1776, *Common Sense* (**Sentido Común**) salió a la calle. ¿Cómo podría uno reconciliarse con el rey cuando la monarquía *"tiene en sí la naturaleza de la opresión"*. El rey Jorge, ese "Bestia Real", era un *"faraón endurecido y de temperamento hosco"*. ¿No había demostrado la historia que "más vale un hombre honesto para la sociedad ya los ojos de Dios que todos los rufianes coronados que jamás hayan existido"?

Pocos libros han cambiado el devenir de los tiempos, pero sin **Sentido Común**, escribió John Adams, *"la espada de Washington habría sido levantada en vano"*. Paine no estaba terminado, sin embargo. Como *"el primer periodista integrado de Estados Unidos"* (New York Times), acampó con tropas harapientas y desanimadas.

Una noche, acurrucado junto a un fuego, escribió: *"Estos son los tiempos que prueban las almas de los hombres: el soldado de verano y el patriota del sol, en esta crisis, retrocederán al servicio de su país; pero el que lo soporta ahora, merece el amor y agradecimiento de hombre y mujer..."* Washington hizo leer esta salva a sus soldados.

El estilo directo y franco de Paine lo hacía inmediata- mente asequible al público a quien él se dirigía, el de los trabajadores (**artisans** en muchas de las obras de la época), el de los desposeídos y los oprimidos. Paine lanzó argumentos más apasionados en The American Crisis. Después de la independencia, Paine fue el rebelde sin causa. *"Me he exiliado de un país sin hacer de otro un hogar"*, lamentó. De vuelta a Inglaterra, vio cómo los campesinos franceses derrocaban a otro rey, aterrorizando a los conservadores pero inspirando su otro famoso libro Los *Derechos del Hombre*. Inglaterra censuró el libro y lo llevó a los tribunales.

En 1792, Paine huyó hacia la agitación de la Revolución Francesa donde se unió a la Asamblea Nacional, luego, durante el Reinado del Terror, casi fue guillotinado.

Liberado, finalmente volvió a América. Cuando murió en 1809, solo seis personas asistieron a su funeral. En su testamento, Tomas Paine menciona sólo cinco de sus obras, una de las cuales es *Los Derechos del Hombre y Sentido Común*. Es lógico que lo hiciera, pues se trata, como han señalado eruditos como Parrington de *«la elaboración más completa del pensamiento político de Paine»* y probablemente de su obra más influyente, junto con *Sentido Común*.

Además, no se limita, como esta última obra, a una sola causa, la de la independencia de los Estados Unidos de América, sino que mediante la comparación a tres bandas entre la Inglaterra de Jorge III, la Revolución Francesa y los recién independizados Estados Unidos de América, llega a abarcar la causa de toda la humanidad.

Hoy, los estadounidenses de todo el espectro político abrazan a Thomas Paine. Desde los republicanos más *derechudos* hasta los demócratas más progres y zurderos les encanta citar a Paine. Algunos dicen que la exaltación de la libertad individual de Paine lo convirtió en *"el santo patrón de Internet"*. De hecho, si Paine hubiese vivido en el ahora, hubiese sido un influencer del internet y habría sido más bien el santo patrón de los *zascas*.

– Colin Rivas

ACERCA DE PAINE

Thomas Paine (1737-1809) de origen inglés. Filósofo, político y revolucionario americano. Es considerado Padre Fundador de los Estados Unidos de América por sus contribuciones expuestas en el ensayo *El sentido común* , donde aboga por la independencia de las colonias. Asimismo, fue incluido dentro de la Asamblea Nacional en Francia y le otorgaron la nacionalidad honorífica. En su texto *Los derechos del hombre* defendió los ideales de la Revolución francesa. Sin embargo, sus ideas políticas y religiosas lo llevaron a ser aislado políticamente y murió ignorado el 8 de junio de 1809 en Nueva York.

DEL ORIGEN Y DESIGNIOS DEL ESTADO EN GENERAL CON RESUMEN BREVE DE LA CONSTITUCION INGLESA

«Mi patria es el mundo; mi religión, hacer el bien»

Algunos escritores han confundido de tal modo la sociedad con el gobierno, que hacen muy poca o casi ninguna distinción entre ambas cosas, cuando no solamente son diferentes entre sí, sino que tienen también distinto origen. La sociedad es el resultado de nuestras necesidades, y el gobierno el de nuestras iniquidades: la primera promueve nuestra felicidad positivamente, uniendo nuestras afecciones, y el segundo negativamente, restringiendo nuestros vicios: la una activa el trato de los hombres, el otro cría las distinciones: aquélla es un protector, y éste un azote de la humanidad.

La sociedad en todos casos ofrece ventajas, al paso que el gobierno siendo un mal necesario en su mejor estado en su estado peor es intolerable; porque cuando nosotros sufrimos o estamos expuestos por causa del gobierno, a las mismas miserias que podíamos experimentar sin él, nuestras calamidades se aumentan con la reflexión de que hemos causado nuestros padecimientos, por los mismos medios con que pretendíamos evitarlos.

El gobierno es como el vestido, la moneda de cambio de la inocencia perdida; los palacios de los reyes están edificados sobre las ruinas del paraíso. Si el hombre obedeciera uniformemente los impulsos de la recta conciencia, no necesitaría de otro legislador; pero no siendo esto así, le es necesario sacrificar una parte de su propiedad para proveer a la seguridad y protección de las otras, siguiendo el dictamen de la prudencia, que le aconseja en este caso escoger de dos males, el menor. Por tanto, siendo la seguridad el verdadero objeto y fin de los gobiernos, es consecuencia clara que será preferible a todas, aquella forma de gobierno que pueda garantirnos tan inapreciable bien, con el menor gravamen posible.

Para adquirir una clara y exacta idea del objeto del estado, supongamos un pequeño número de personas establecidas en un lugar apartado y desprendido del resto de la tierra; ellas representarán entonces a los primeros pobladores de un país, o del mundo. En este estado de natural libertad, la sociedad será su primer pensamiento; mil motivos inducirán a ello: las fuerzas de un hombre son tan desiguales a sus necesidades, y su espíritu tan incapaz de una perpetua soledad, que muy pronto se verá obligado a solicitar la asistencia y ayuda de otro que recíprocamente necesitará lo mismo de él, en igualdad de circunstancias.

Cuatro o cinco individuos así reunidos podrán construir una choza mediana en medio de un desierto; pero un hombre solo emplearía casi toda la vida en tal faena: cuando éste ya hubiese cortado la madera, no podría levantarla, ni transportarla a su antojo; el hambre entretanto le obligaría a dejar su trabajo, y sus diversas necesidades le llamarían a diferentes tareas. Las enfermedades y las desgracias serian para él todas mortales; porque aunque ni unas ni otras fuesen graves en realidad, le inhabilitarían con todo para vivir, y le reducirían a un estado, que más bien se puede llamar de muerte que de vida.

La necesidad, pues, reuniría en sociedad a estos primeros inmigrantes, los que permaneciendo siempre fieles a la virtud y a la justicia, vivirían felices sin el apoyo del estado, haciendo inútiles las obligaciones de la ley. Pero como la perfección solo se encuentra en el cielo, y los hombres son tan propensos al vicio, resultaría inevitablemente que a medida que fuesen superando las dificultades de la naturaleza, objeto de su unión, se irían desentendiendo de sus deberes, y relajando los vínculos de recíproca benevolencia, hasta hallarse en la necesidad de establecer una forma de gobierno, que supliese el defecto de virtudes morales.

Un árbol les serviría de casa consistorial, bajo cuyas ramas podría juntarse la población entera para deliberar sobre los asuntos públicos. Es más que probable que sus primeras leyes tuviesen solamente el título de *REGULACIONES*, y que la única pena de su infracción seria la del descrédito público. En este primer parlamento todos los hombres tendrían asiento por derecho natural.

Pero a medida que la sociedad fuese prosperando, las preocupaciones irían aumentando igualmente: los miembros de la comunidad se separarían con el aumento de la población;

y la distancia seria un obstáculo para que en todas circunstancias se juntasen todos ellos como al principio, cuando su número era más pequeño, sus casas estaban cerca y sus preocupaciones eran pocas e insignificantes. Entonces se conocería la ventaja de consentir en que la parte legislativa fuese dirigida por un número de individuos escogidos entre todos, los cuales tuviesen el mismo interés que los restantes, y obrasen del mismo modo que obraría este colectivo, si estuviese presente.

Continuando el aumento de la población, sería necesario aumentar también el número de representantes, y para bien atender al interés de cada parte de la comunidad, se haría indispensable dividir el colectivo en partes proporcionales, encomendando a cada representante un número competente: la prudencia indicaría igualmente la necesidad de hacer elecciones a menudo, a fin de que los elegidos nunca pudiesen tener un interés diferente al de los electores; pues de este modo, pudiendo aquellos volver a entrar en la clase de estos, serían fieles al público por la imposibilidad de perpetuarse al mando; y como esta frecuente permuta debe establecer un interés igual entre todas las partes de la comunidad, estas se sostendrían mutua y recíprocamente unidas.

En esta unión es, pues, en lo que consiste la fuerza de un estado y la felicidad de los gobernados, no en el detestable nombre de rey.

He aquí el origen y nacimiento del estado, que solo es necesario en el mundo a falta de virtudes morales; su objeto y fin sería la libertad y seguridad; y estos principios de justicia, dictados por la naturaleza y confirmados por la razón, serán eternos, por más que una brillante y pomposa apariencia deslumbre en un instante nuestros ojos, por más que la armonía agrade nuestro oído, que las preocupaciones extravíen nuestra voluntad, y el interés particular ofusque nuestro entendimiento.

De un principio natural incontrovertible deduzco yo mi idea acerca del estado, y es: que la maquina más sencilla es la que está menos expuesta a descomponerse, y la que, una vez descompuesta, se repara con mayor facilidad guiado por esta máxima, haré unas breves observaciones y un resumen sobre la famosa y ya decidida constitución inglesa. Convengamos en que fue buena, respecto a los tiempos de oscuridad y esclavitud en que se formó; porque cuando todo el mundo gemía agobiado bajo el peso de la tiranía, la menor mudanza hacia el bien era dar un paso a la libertad: pero es fácil demostrar que esta constitución es imperfecta, sujeta a convulsiones, e incapaz de producir lo que parece prometer.

*"Se supone otra vez
que el rey es más sabio
que aquellos a quienes
ya se sabe que
son más sabios que él.
¡Qué absurdo!"*

Los gobiernos absolutistas (aunque son una vergüenza de la naturaleza humana) tienen en sí la ventaja de ser sencillos; si el pueblo sufre, conoce bien la raíz de donde procede su pena, y no está expuesto a confundirse y perderse en la variedad de causas y de remedios. Pero la constitución de Inglaterra es tan extremadamente compleja, que la nación puede sufrir por muchos años, sin poder descubrir en qué parte está el mal que le aqueja; unos dirán aquí, y otros acullá, y cada médico político recetará una medicina diferente.

Yo bien conozco cuán difícil es desterrar las preocupaciones locales y bien arraigadas; con todo, si examinamos las partes de que se compone la constitución inglesa, encontraremos que sus cimientos son los escombros de dos antiguas tiranías, y que solo está compuesta de retazos, parcheada con algunas formas republicanas.

Primero: los restos de una monarquía tiránica en la persona del Rey.

Segundo: los restos de una tiranía aristocrática y en la de sus compañeros de rango real.

Tercero: las nuevas partes republicanas en las personas de la cámara de los Comunes, de cuya virtud pende la libertad de Inglaterra.

Las dos primeras por ser hereditarias son independientes del pueblo; por cuya razón y en sentido constitucional, no contribuyen en nada a la felicidad del Estado. Decir que la constitución inglesa es una unión de tres poderes, que se reprimen uno a otro, es una farsa, es cometer un círculo vicioso de ideas contradictorias. Decir que la cámara de los Comunes coarta la facultad del rey, es suponer dos cosas.

Primera: que no se debe fiar absolutamente del rey, sin recelar el abuso de su autoridad, y que el deseo vehemente de un poder absoluto es la enfermedad natural de la monarquía.

Segunda: que la cámara de los Comunes, teniendo por objeto poner límites al poder absoluto, se considera o más sabia, mas digna de la confianza que la corona.

Pero como la misma constitución que da a la cámara de los *Comune*s el poder de coartar las facultades del rey, negándole los auxilios que necesite, concede después a este otro poder para coartar a la cámara de los Comunes, autorizándole para rechazar sus proyectos de ley, "Se supone otra vez que el rey es más sabio que aquellos a quienes ya se sabe que son más sabios que él:¡que absurdo!

Hay cosas sumamente ridículas en la composición de la monarquía: **Primero**, se excluye a un hombre de los medios de instruirse en general, y en particular de los de informarse de asuntos en que debe deliberar; con todo se le autoriza para fallar en materias que requieren la mayor sabiduría del estado de un rey lo separa del mundo, y sin embargo, los negocios de un rey exigen que él conozca perfectamente a los hombres; por lo cual oponiéndose singularmente las diferentes acciones de su vida, y distinguiéndose unas a otras, se prueba que su carácter es absurdo e inútil.

Algunos escritores han explicado la constitución inglesa del modo siguiente: el rey, dicen ellos, es uno, y el pueblo es otro: los compañeros aristócratas (lores) forman una cámara a favor del primero, y los Comunes otra a favor del segundo;

pero esto mismo prueba que el gobierno tiene todas las distinciones de una casa dividida interiormente; y aunque estas expresiones parezcan agradables al oído, en vano se pretendería desentrañarles el sentido por un análisis exacto de las complicadas ideas que contienen; porque dicho análisis incluye una previa cuestión, a saber:

¿Cómo pudo el rey obtener un poder, que el pueblo teme confiar, y que siempre está obligado a coartar? Un poder semejante no puede ser el don de un pueblo sabio, ni tampoco lo puede ser de Dios, siendo un poder que necesita de restricciones; con todo, la constitución lo concede y supone existir semejante poder.

Pero como este poder tiene unas fuerzas superiores a las que su objeto necesita, los medios que emplea para conseguirlo son desproporcionados y por consecuencia inútiles; la siguiente comparación aclarará más la materia. Puestas en movimiento todas las ruedas de una máquina a impulsos de otra, en quien resida la fuerza motriz; aunque alguna o algunas de aquellas pueda estorbar, o como es la palabra, coartar la rapidez del movimiento de esta, mientras no puedan detenerla, sus esfuerzos serán infructuosos;

el primer poder que se mueva seguirá al fin su curso, y lo que pierda en velocidad lo ganará en tiempo. Y como el peso mayor hace siempre subir al menor, resta pues, conocer a que individuo concede la constitución inglesa este mayor peso o este poder; porque éste será el que gobernará al fin.

Es claro que la corona es esta parte opresiva en la constitución inglesa, y también es evidente que tiene el mayor influjo y transcendental consecuencia, por ser la única distribuidora de gracias (privilegios), empleos y pensiones; pues aunque los ingleses fueron bastante sabios para cerrar la puerta a la monarquía absoluta, fueron al mismo tiempo bastante locos para entregarle la llave a la Corona.

La preocupación de los ingleses a favor de su gobierno, por el Rey, Lores y Comunes nace mas bien de un orgullo nacional, que de la ilustrada razón. Los individuos gozan sin duda de mayor seguridad en Inglaterra que en ningún otro país; pero la voluntad del Rey es una ley tan suprema en la Gran Bretaña como en Francia; con esta diferencia, que en vez de manar directamente de su boca, es anunciada al pueblo bajo la formidable forma de un decreto del Parlamento.

La desgraciada suerte de Carlos I, ha hecho reyes más sutiles; pero no más justos. Dejando, pues, a un lado todo el orgullo y preocupación nacional a favor del sistema inglés, la pura verdad es, que si la corona no es tan opresiva en Inglaterra como en Francia, se debe a la constitución individual de aquellos naturales, mas bien que a la de su gobierno.

Es indispensable en este tiempo hacer un análisis de los errores constitucionales en la forma del gobierno inglés; porque así como nosotros nunca estamos en aptitud de hacer justicia a otros, mientras continuamos bajo el influjo de un partido dominante; así también somos incapaces de hacérnosla a nosotros mismos, mientras estamos dominados por una ciega pasión: y así; también, como un hombre aficionado a mujeres prostituidas es incapaz de conocer la felicidad que promete una esposa virtuosa; así una preocupación a favor de la constitución podrida de un gobierno, nos inhabilita para distinguir y juzgar el mérito de otra buena.

DE LA MONARQUÍA Y LA SUCESIÓN HEREDITARIA

"Un hijo de puta francés que desembarca con un bandido armado y se establece rey de Inglaterra en contra del consentimiento de los nativos es, en términos simples, un delincuente muy mezquino y miserable"

Siendo el género humano originalmente igual en el orden de creación, la igualdad pudo solamente ser destruida por algunas circunstancias subsecuentes; las distinciones de rico y pobre pueden muy bien existir, sin recurrir a los duros y disonantes nombres de opresión y avaricia. La opresión es muchas veces la consecuencia de la riqueza; pero rara o ninguna vez los medios de ella; y aunque la avaricia preserve al hombre del estado de mendicidad, también le infunde, casi generalmente, demasiado temor para poder enriquecer.

Pero hay una distinción tan enorme entre los hombres, que no se puede justificar ni con razones sacadas de la naturaleza, ni de la religión; esta es la que se nota entre reyes y vasallos:

y es cosa muy digna de nuestra atención, inquirir como vino al mundo una raza tan superior a los demás hombres, y tan privilegiada, que parece ser de muy diferente especie; y también nos toca indagar si estos semidioses son más bien útiles que perjudiciales a la felicidad del género humano.

En los tiempos primitivos del mundo según la cronología de la Sagrada Escritura, no había reyes, y por consiguiente tampoco había guerras: el orgullo de los reyes ha sumergido a la especie humana en un abismo de tinieblas y confusión. La Holanda sin rey ha gozado más paz en ese último siglo que ningún otro gobierno monárquico de la Europa. La antigüedad nos presenta a los patriarcas gozando en los campos de una felicidad pura, que desaparece cuando llegamos a la historia de la monarquía judaica.

El gobierno de los reyes fue primeramente introducido en el mundo por los paganos, cuya imitación lo adoptaron los hijos de Israel: ha sido ésta la invención más feliz del diablo para promover la idolatría. Los paganos tributaban honores divinos a sus difuntos reyes, y el mundo cristiano ha perfeccionado el plan de esclavitud, divinizando en vida a los suyos.

¡Cuán impío es el título de SACRA REAL MAJESTAD aplicado a un insecto, que en medio de su esplendor se está deshaciendo en polvo!

En la teoría de la igualdad de derechos no se puede justificar la elevación de un hombre a un grado tan superior a los demás, ni tampoco puede defenderse con la autoridad de las *Escrituras*; porque la voluntad del Todopoderoso desaprueba el gobierno de los reyes, como consta del profeta *Samuel* y de *Gedeón*. Todas las sentencias de la Sagrada Escritura contra los reyes han sido maliciosamente interpretadas a favor de los gobiernos monárquicos; y esto debe fijar la atención de los países, cuyo gobierno esté todavía por formarse.

Dar al César lo que es del César, es el texto de la Sagrada Escritura que más se repite en las cortes, y este no es muy favorable al gobierno monárquico; porque los judíos, cuando obtuvieron esta respuesta, estaban sin rey, y solamente sujetos al pueblo romano, gobernado entonces por una república que había jurado odio eterno a los reyes desde la expulsión de los *Tarquinios*.

Según la cronología de Moisés, los **judíos** vinieron a pedir un rey, más o menos tres mil años después de la creación. Hasta entonces su **forma de gobierno** (excepto en los casos extraordinarios, en que intervenía **el *Altísimo***) era una especie de república administrada por un juez y los ancianos de las tribus: no tenían reyes, y se consideraba crimen reconocer bajo este título a otro que al Señor de los Ejércitos; así cuando se reflexiona sobre el homenaje idólatra que se atribuye a los reyes, no es de extrañar que el *Todopoderoso*, siempre celoso de sus honores, desapruebe una forma de gobierno, que con tanta impiedad usurpa las prerrogativas de la divinidad.

La monarquía se considera en la escritura como uno de aquellos pecados de los judíos, por el cual se declaró contra ellos una maldición reservada: la historia de este hecho es digna de toda atención.

Estando los hijos de Israel oprimidos por los *Madianitas*, marcharon contra ellos con un pequeño ejército bajo el mando de Gedeón, y la victoria, por interposición del Altísimo, se declaró a su favor. Los judíos orgullosos del triunfo, y atribuyéndolo a los talentos de Gedeón, intentaron hacerlo rey diciéndole: *"gobierna sobre nosotros, tú y tus hijos, y los hijos de tus hijos"*.

Este fue el mayor absurdo; no solamente le ofrecieron sin reino, sino también un reino hereditario. Pero Gedeón con una piedad propia de su alma respondió: *"yo no gobernaré sobre vosotros, ni mis hijos tampoco gobernarán sobre vosotros, **EL SEÑOR GOBERNARÁ SOBRE VOSOTROS"***: estas palabras no necesitan de más explicación. Gedeón no rechaza el honor; pero niega en ellos el derecho de dárselo; y lejos de atribuirles expresivas acciones de gracias, les regaña con el estilo más puro de un profeta, su desafecto e ingratitud a su legítimo soberano el Rey de los cielos.

Ciento treinta años después incurrieron por segunda vez en el mismo error. No se puede concebir la extremada inclinación de los judíos a las costumbres idólatras de los paganos: tomando una vez por pretexto la mala conducta de los hijos de Samuel, que estaban encargados de algunos negocios seglares, fueron a casa de aquel venerable profeta, y comenzaron a decirle a gritos: *"bien ves, que eres ya viejo, y que tus hijos no andan en tus caminos; establécenos un rey que nos juzgue, como lo tienen también todas las naciones"*. Y nosotros observaremos aquí de paso que sus razones eran malas, en cuanto a que ellos pudiesen ser como las otras naciones, es decir, como los paganos;

cuando por él contrario su verdadera gloria consistía en parecerse a ellos lo menos posible. *"Desagradó a Samuel este razonamiento; porque habían dicho: danos un rey que nos juzgue. Y Samuel hizo oración al Señor.*

— Y el Señor dijo a Samuel: oye la voz del pueblo en todo lo que te dicen; por que no te han desechado a ti, sino a mí; para que no reine sobre ellos. — Conforme a todas las Obras que han hecho desde el día que los saqué de Egipto hasta esté día, como me dejaron a mí y sirvieron a esos Dioses ajenos, así lo hacen también contigo.

—Ahora, pues, oye su voz; pero protéstales primero, y anúnciales el derecho del rey que ha de reinar sobre ellos" esto es no el derecho de algún rey particular, sino la conducta general de los reyes de la tierra, a quienes Israel imitaba con tanta ansia. Y no obstante la gran distancia de tiempo y diferencia de usos y costumbres, el carácter es todavía el mismo, y lo será eternamente.

"—Y así Samuel refirió todas las palabras del Señor al pueblo, que le habla pedido un rey. Y dijo: este será el derecho del rey que ha de mandar sobre vosotros: tomará vuestros hijos y los pondrá en sus carros, y los hará sus guardias de acaballo, y que corran delante de sus coches.

—(Esta descripción conviene exactamente con el uso del día en las cortes de los reyes)

—Y los hará sus tribunos y centuriones, y labradores de sus campos y segadores de sus mieses, y que fabriquen sus armas y sus carros. — Hará también a vuestras hijas sus perfumeras, sus cocineras y panaderas. —

(Esto hace alusión al lujo y lujuria de los reyes) — Tomará así mismo lo mejor de vuestros campos, y viñas y olivares, y lo dará a sus siervos. — Y diezmará vuestras mieses y los esquilmos de las viñas, para darlo a sus eunucos y criados. — (Por esto se deja ver que el cohecho, corrupción y favoritismo son los vicios dominantes de los reyes) —Tomará también vuestros siervos y siervas, y mozos más robustos, y vuestros asnos, y los aplicará a su labor.

—Diezmará así mismo vuestros rebaños, y vosotros seréis sus siervos. —Y clamareis aquel día; a causa de vuestro rey, que os habéis elegido: y no os oirá el Señor en aquel día, porque pediste, tener un rey.

—Esta es la razón porque continúa la monarquía: ni el carácter de los pocos reyes buenos que ha habido después, santifica el título, ni borra la criminalidad del origen. La alta alabanza dada a David, no es como a rey, sino como a hombre grato al Señor.

—Más el pueblo no quiso dar oídos a las razones de Samuel, sino que dijeron: no, no; porque rey habrá sobre nosotros. —Y nosotros seremos también como todas las gentes: y nos juzgará nuestro rey, y saldrá delante de nosotros, y peleará por nosotros nuestras guerras.

—Samuel continuó razonando con ellos; pero infructuosamente; *representóseles* su ingratitud, y nada aprovechó: y viéndolos plenamente inclinados a su locura, gritó:

—¿Por ventura no es al presente la siega del trigo? Invocaré al Señor, y enviara voces y lluvias (quiere decir truenos y lluvias, que era un castigo, por el perjuicio que se le seguía a sus cosechas), y sabréis y veréis el grande mal que os habéis acarreado delante del Señor, pidiendo un rey sobre vosotros.

—Y clamó Samuel al Señor, y envió el Señor voces y lluvias en aquel día —Y temió todo el pueblo en gran manera al Señor y a Samuel: y dijo todo el pueblo a Samuel: ruega por tus siervos al Señor Dios tuyo, para que no muramos; **_PORQUE HEMOS AÑADIDO A TODOS NUESTROS PECADOS ESTE MAL DE PEDIR REY PARA NOSOTROS_**.

—Estos pasajes de la **Escritura Sagrada** son directos y positivos: no dan lugar a construcciones equívocas.

"Nada mejor que el rufián principal de alguna banda de criminales"

Que el todopoderoso ha imprimido en ellos su protesta contra el gobierno monárquico, es cierto, lo que no puede ser, la Escritura es falsa. Al mal de la monarquía hemos añadido el de la sucesión hereditaria: y así como la primera es una degradación en nosotros mismos, así también la segunda, pretendida como una materia de derecho, es un insulto y una imposición sobré la posteridad; porque siendo todos los hombres iguales en su origen, ninguno pudo por su nacimiento tener un derecho para establecer su misma familia con una perpetua diferencia sobre todas las demás; y aunque alguno pudiese haber merecido de sus contemporáneos algún grado de distinción en la sociedad; con todo, sus descendientes pueden ser indignos de heredarlo.

En segundo lugar, como ningún hombre al principio pudo poseer otros honores públicos que los que le fueron dispensados, así tampoco los otorgadores pueden tener autoridad para dar el derecho a la posteridad: y aunque ellos pudieron decir:

"nosotros te escogemos como nuestro jefe", no pudieron decir del mismo modo, sin hacer una injusticia manifiesta a sus descendientes: *"vuestros hijos y los hijos de vuestros hijos reinarán sobre los nuestros para siempre:"* porque un pacto tan imprudente, tan injusto y tan contrario a la naturaleza, podría acaso en la próxima sucesión ponerlos bajo el gobierno de un pícaro o un loco.

La mayor parte de los sabios, en sus opiniones reservadas, han tratado siempre con desprecio el gobierno hereditario; con todo, es uno de aquellos males difíciles de desarraigar, una vez establecido: Muchos se someten por miedo, otros por superstición, y la parte más poderosa comparte con el rey el botín de los demás.

Esto es suponiendo que la actual raza de reyes del planeta haya tenido un origen honorable; mientras que es más que probable que si pudiéramos despojarnos de la oscura cubierta de la antigüedad y rastrearlos hasta su primer ascenso, encontraríamos al primero de ellos nada mejor que el rufián principal de alguna banda de criminales, cuyos modales salvajes o la eminencia en la sutileza le valió el título de jefe entre los saqueadores;

y quien, aumentando su poder y extendiendo sus depredaciones, intimidaba a los tranquilos e indefensos para que compraran su seguridad con frecuentes contribuciones. Sin embargo, sus electores no podían tener idea de otorgar derechos hereditarios a sus descendientes, porque tal exclusión perpetua de sí mismos era incompatible con los principios libres y sin restricciones por los que profesaban vivir.

Por lo que la sucesión hereditaria en las primeras épocas de la monarquía no podía tener lugar como una cuestión de derecho, sino como algo casual o complementario; pero como existían pocos o ningún registro en esos días, y la historia tradicional estaba repleta de fábulas, era muy fácil, después del lapso de unas pocas generaciones, inventar algún cuento supersticioso convenientemente cronometrado, al estilo Mahometano, para meter derecho hereditario en las gargantas del pueblo. Quizá los desórdenes que amenazaban, o parecían amenazar, con la muerte de un líder y la elección de uno nuevo (pues las elecciones entre rufianes no podían ser muy ordenadas) indujeron a muchos al principio a favorecer las pretensiones hereditarias;

por lo cual aconteció, como ha acontecido desde entonces, que lo que al principio se sometía como conveniencia, se reclamaba después como derecho.

La Inglaterra después de la conquista ha conocido un corto número de monarcas buenos; pero ha gemido bajo mayor número de malos: ningún hombre sensato puede decir que la usurpación de Guillermo el conquistador fue muy honrosa: un francés bastardo que desembarca con un ejército de bandidos, y él mismo, contra el consentimiento de los nativos, se nombra y se establece rey, es en términos categóricos un origen muy vil y muy despreciable; no hay ciertamente en esto ninguna intervención de la *Divinidad*. Por último, sería inútil emplear mucho tiempo en demostrar la locura del derecho hereditario. Si hay hombres tan débiles que lo crean, dejémoslos que adoren indistintamente al jumento o al león, enhorabuena para ellos: por lo que a mí toca, ni imitaré su humildad, ni perturbaré su devoción.

Y aún con todo esto, me contentaría con preguntarles, como suponen ellos que se establecieron los primeros reyes. La cuestión no admite sino una de estas tres respuestas, a saber: por suerte, por elección, o por usurpación.

Si el primer rey fue puesto ahí fortuitamente, esto establece un ejemplo para el otro, que excluye la sucesión hereditaria. Saúl fue, de hecho, fortuitamente; sin embargo, la sucesión no fue hereditaria, ni parece que hubo intención alguna de que lo fuese. Si el primer rey de algún país fue por elección, esto igualmente establece un ejemplo para el otro, porque pretender que los primeros electores, que eligieron no solamente un rey, sino una familia perpetua de reyes, quitaron el derecho de elección a todas las generaciones venideras, es un absurdo inconcebible, es una opinión que no encuentra ningún apoyo, ni en la historia sagrada ni en la profana.

En cuanto a la usurpación, ningún hombre sensato se atreverá a defenderla, ni tampoco negará que *Guillermo el conquistador* fue un usurpador: este es un hecho sin contradicción; y la pura verdad es que la antigüedad de la monarquía inglesa esconde la injusticia de su origen, y no pasa ninguna prueba a la indagación o investigación.

Poco importaría el absurdo y los males de la sucesión hereditaria, si no fuese su resultado tan fatal para el género humano. Sería admisible el derecho de sucesión, y llevaría el sello de la autoridad divina, si tuviera la virtud de vincular en una familia el honor, la justicia, la sabiduría, y todas las cualidades necesarias para gobernar; pero viendo que de la estirpe real salen más tontos que hábiles, mas locos que cuerdos, más malvados que honrados, debemos pensar que este orden de sucesión hereditaria es contrario a la naturaleza, y una de las curas de nuestra ignorancia.

Pronto se vuelven insolentes aquellos hombres que creen haber nacido solo para mandar, considerando a sus semejantes creados como machos de carga para obedecer. Llenos de orgullo, solo se mueven en un círculo de viles aduladores, interesados en ocultarles sus verdaderos intereses y los de la nación; y cuando suceden en el gobierno, son generalmente los hombres mas ignorantes, mas viciosos, y los mas incapaces de mandar.

Otro de los males que trae la sucesión hereditaria, es que el trono está expuesto a ser poseído por un menor de cualquier edad; en cuyo tiempo la *Regencia*, operando en nombre del Rey tiene toda la oportunidad y ocasión de hacer traición a su confianza. La misma desgracia nacional sucede cuando un rey, abrumado por la edad y enfermedad, llega al último grado de debilidad humana. En ambos casos, el pueblo es la víctima de los perversos que pueden intrigar con éxito, por locuras de la vejez o de la infancia.

La mejor razón que se ha dado a favor de la sucesión hereditaria es, que ella preserva a una nación de que tenga guerras civiles, y si esto fuera cierto seria un argumento de bastante peso; pero al contrario, es una insolente falsedad con que se ha pretendido engañar al género humano. Toda la historia de Inglaterra desmiente este hecho: desde la conquista ha habido treinta reyes, y dos menores, en ese *reino desunido*; y en ese tiempo se cuentan a lo menos ocho guerras civiles y diecinueve revoluciones; así lejos de promover la paz dicha sucesión hereditaria, la destruye.

Inglaterra fue durante muchos años el sangriento teatro de la guerra por preservar la monarquía y sucesión hereditaria, entre las competencias de la casa de York y Lancaster. Dos batallas señaladas fuera de escaramuzas y sitios, se dieron entre Enrique y Eduardo; dos veces fue Enrique prisionero de Eduardo, quien también lo fue de Enrique; y es tan incierta la suerte de la guerra y el genio de una nación, cuando la contienda tiene por único objeto los intereses personales, que Enrique fue conducido al triunfo desde la prisión al palacio, y Eduardo obligado a huir a una tierra extranjera.

*"Más vale un hombre honesto
a la sociedad, y a la vista
de Dios, que todos los rufianes
coronados que han vivido hasta ahora."*

Sin embargo, como las transiciones repentinas son rara vez permanentes, Enrique a su vez, fue despojado del trono, y Eduardo llamado por segunda vez para sucederle: el Parlamento fue siempre consecuente en su egoísmo, siguiendo a la parte más fuerte.

La guerra comenzó en el reinado de Enrique el VI, y no se extinguió enteramente hasta Enrique el VII, en quien se unieron las dos familias; comprendiendo un periodo de 67 años, esto es, desde 1422 hasta 1489.

En conclusión, la sucesión de la monarquía hereditaria ha cubierto, no este o aquel reino, pero sí el mundo entero, de sangre y de cenizas: es una forma de gobierno reprobada por la palabra de Dios, y por consiguiente funesta a todas las naciones.

Si fuéramos a averiguar los asuntos y negocios de un rey (y en muchos países no tienen ninguno), veríamos que todos, después de haber disipado su vida sin ventaja ninguna para la nación, consumidos de fastidio, cansados de la vil adulación de una corte prostituida, se retiran de escena, cediendo su lugar a un sucesor que sigue el mismo orden de inutilidad. En las monarquías absolutas, el peso de los negocios civiles y militares recae sobre él rey: los hijos de Israel en sus pretensiones alegaban esta razón: *"Y nos juzgará nuestro rey, saldrá delante de nosotros, y peleará por nosotros nuestras guerras."* Pero en los países en donde hay constitución, en donde el ministerio despacha todos los asuntos, en donde el Rey no puede ser rey ni general, como en Inglaterra, sería muy difícil saber cuáles son sus indispensables razones en beneficio del pueblo.

Mientras más se acerque un estado al sistema de república, menos tiene que hacer un rey. Es bastante difícil encontrar un nombre propio para el gobierno de Inglaterra. William Merdith lo llama república: pero es indigno de este nombre desde que el corrompido influjo de la corona se ha valido de los mismos empleos y privilegios, para pervertir a los representantes de la *Cámara de los Comunes* (única parte republicana). El gobierno de Inglaterra es casi tan monárquico como el de Francia, o el de España; pero le gustan a los hombres disputar sobre palabras sin entenderlas. Los ingleses fundan su gloria en la parte republicana y en su constitución, y no en la monárquica;

su libertad depende de su representación en la *Cámara de los Comunes*, y faltándole a esta la virtud republicana, debe necesariamente ser esclava de la nación. La constitución inglesa está muy debilitada, y debe por necesidad perecer dentro de poco tiempo; porque la parte monárquica ha emponzoñado la republicana, y porque la corona se ha apoderado de todo el influjo de la *Cámara de los Comunes*.

En Inglaterra un rey no tiene más que hacer que declarar la guerra y crear empleos, lo que es en términos más claros, empobrecer a la nación y meterla en el caos. ¡Hermosa ocupación en verdad, para que se le den cuatro millones de monedas de renta anual, y que se le rindan en este inundo honores divinos! Más vale un hombre honesto a la sociedad, y a la vista de Dios, que todos los rufianes coronados que han vivido hasta ahora.

DISERTACIÓN SOBRE LOS PRIMEROS PRINCIPIOS DEL ESTADO

"Ay, hemos sido engañados durante mucho tiempo por los antiguos prejuicios y hemos hecho grandes sacrificios a la superstición."

No hay para el hombre asunto más interesante que el del gobierno: su seguridad, sea rico o pobre, y su prosperidad, están íntimamente unidas a él; por tanto es de su interés, y todavía su deber, el procurarse el conocimiento de sus principios y, de su aplicación. Todas las ciencias y artes, aunque imperfectamente conocidas al principio, se han ido estudiando, adelantando, y llevándose a lo que llamamos perfección, por un trabajo progresivo de las generaciones que se han sucedido; pero la ciencia del gobierno se ha quedado atrás. Nada se ha adelantado en el conocimiento de sus principios, y muy poco se ha perfeccionado su práctica hada la época de la revolución americana.

En todas las partes de Europa continúa, las mismas formas y sistemas que se establecieron en los tiempos remotos de la ignorancia, y su antigüedad tiene fuerza de principio: está rigurosamente prohibido el investigar su origen, o por qué derecho existen. Si se preguntase la razón, la respuesta sería bien fácil: los gobiernos están establecidos sobre principios falsos, y emplean después todo su poder en ocultarlo.

No obstante el misterio en que ha estado envuelta la ciencia del gobierno con el objeto de esclavizar, robar y engañar al género humano, es de todas las cosas la menos misteriosa, y la más fácil de ser entendida. La más corta capacidad hallará el hilo de este laberinto, si comienza sus investigaciones desde un punto cierto. Todas las ciencias y las artes tienen un punto o alfabeto en que comienza el estudio de ellas, y con cuya asistencia se facilitan sus progresos. El mismo método debe observarse con respecto a la ciencia del gobierno.

En lugar, pues, de impedir al principio, el problema con las numerosas subdivisiones en que están clasificadas las diferentes formas de gobierno, las cuales son la aristocracia, oligarquía, monarquía, etc.

El mejor método será comenzar por divisiones que pueden llamarse primarias, o por aquellas en las cuales se hallan comprendidas todas las varias subdivisiones de que es capaz. Las divisiones primarias son solamente dos:

Primera: gobierno por elección y representación.

Segunda: gobierno por sucesión hereditaria.

Todas las diferentes formas de gobierno, por numerosas y diversificadas que sean, están clasificadas bajo una u otra de estas divisiones primarias; porque ellas están o en el sistema de representación, o en el de sucesión hereditaria. En cuanto a esta forma equívoca, que se llama gobierno mixto, cual fue el último de Holanda, y es el presente de Inglaterra, no debe hacer alguna excepción la regla general; porque sus partes, consideradas separadamente, son o representativas, o hereditarias.

Comenzando, pues, nuestra investigación desde este punto, tenemos que examinar antes la naturaleza de estas dos divisiones primarias. Si ellas son igualmente exactas en sus principios, entonces la cuestión es de mera opinión. Si la una es de un modo demostrativo mejor que la otra, esta diferencia dirige nuestra elección;

pero si una de ellas fuese tan absolutamente falsa que no tuviese derecho a existir, la cuestión cae por sí misma; porque en una concurrencia en que debe ser aceptada precisamente una de las dos, la negativa probada en la una, viene a ser una afirmativa para la otra.

Las revoluciones que se van extendiendo ahora por el mundo tienen su origen en la indagación de *los derechos del hombre*; y la presente guerra es un conflicto entre el sistema representativo, fundado en los derechos del pueblo, y el hereditario, fundado en la usurpación.

Las voces de monarquía, estado real y aristocracia por sí no significan nada; el sistema hereditario, si continuase, seria siempre el mismo o peor bajo de cualquier otro título. Las revoluciones del día tienen un carácter muy pronunciado, por fundarse todas en el sistema del gobierno representativo en oposición al hereditario. Ninguna otra distinción abraza mas completamente sus principios.

Habiendo expuesto las divisiones primarias de todo gobierno con la posible generalidad, procedo en primer lugar al examen del sistema hereditario; porque tiene la primacía con respecto al tiempo.

El sistema representativo es la invención del mundo moderno, y no cabe la menor duda, a lo menos según mi opinión, en que no hay un problema de Euclides más matemáticamente exacto, que el de no tener el gobierno hereditario ningún derecho de existir. Por tanto, cuando nosotros quitamos a algún hombre (algún rey) el ejercicio del poder hereditario, le quitamos lo que él nunca ha tenido derecho de poseer, y para lo cual ninguna ley o costumbre pudo ni podrá jamás darle algún título de posesión.

Los argumentos que se han empleado hasta ahora contra el sistema hereditario, han sido principalmente basados sobre lo absurdo e incompetente para el presupuesto final de todo gobierno.

Nada puedo presentar a nuestro juicio, o a nuestra imaginación un ejemplo más sensible de nuestra estupidez, que el ver caer el gobierno de una nación entera, como sucede frecuentemente, en manos de un niño; necesariamente despojado de experiencia, y muchas veces poco mejor que un loco: este es un insulto que se hace a todos los hombres de edad, de carácter y de talento del país.

Desde el momento que empezamos a raciocinar sobre la sucesión hereditaria, no es posible dejar de reírnos, así como se nos presenta repentinamente a la imaginación un autómata tan ridículo, como es un Príncipe heredero. Pero conteniendo la risa que provoca un ridículo de semejante envergadura; dejemos a cualquier hombre que se haga a sí mismo esta pregunta: ¿Por cuál derecho, pues, ha comenzado el sistema hereditario? y a buen seguro que encuentre una respuesta que le satisfaga.

El derecho que algunos hombres a algunas familias tuvieron para elevarse los primeros a gobernar una nación, y establecer este gobierno como hereditario, no era otro que el que *Robespierre* tuvo para hacer lo mismo en Francia. Si este no tuvo alguno, tampoco aquellos lo tuvieron; y si ellos lo tenían, este tuvo otro tanto; porque no es posible descubrir superioridad de derecho en alguna familia, en virtud del cual comenzase el gobierno hereditario.

Los *Capetos*, los *Guelphs*, los *Robespierres* y *Marats*, todos están igualmente en la cuestión del derecho: a ninguno le pertenece exclusivamente. Es un paso dado hacia la libertad, conocer que un gobierno hereditario no podía comenzar con un derecho exclusivo en alguna familia.

Canonizar de derecho el sistema hereditario, alegando para ello la influencia del tiempo, es una suposición absurda; porque sería substituir el tiempo en lugar de los principios, o hacerte superior a ellos; cuando al contrario, el tiempo no tiene mas conexión o influencia sobre los principios, que los principios tienen sobre el tiempo.

Lo que fue una injusticia ahora mil años, lo es igualmente el día de hoy, y el derecho, que se conoce ser justo y legal en el momento que se establece, tiene la misma fuerza que si se hubiese sancionado dos mil años atrás. El tiempo con respecto a los principios es *UN AHORA ETERNO*; nada influye sobre ellos, usada cambia su naturaleza y cualidades. Además, ¿qué tiene que ver con nosotros la duración de mil años? El tiempo de nuestra vida no es sino una corta porción de este periodo; y si nosotros encontramos existente le injusticia en el momento en que nacemos, en ese mismo instante también empieza para nosotros; y comenzando desde luego nuestros derechos a resistirla, es lo mismo que si nunca hubiera existido.

Siendo así que el gobierno hereditario no podía establecerse con un derecho natural en alguna familia, ni derivar alguno del tiempo después de establecido, solo nos resta examinar si lo tiene alguna nación, para convertirlo en lo que se llama ley, como ha sucedido en Inglaterra. Yo digo que no, y que toda ley o constitución hecha con este fin es una traición contra los derechos de los menores de la nación de aquel tiempo en que se hace, y contra los de las generaciones subsecuentes. Hablaré sobre cada uno de estos casos. Primeramente de los menores, y del tiempo en que se hace una ley semejante; y en segundo lugar, de las generaciones que han de suceder.

Una nación, tomando esta palabra en toda su extensión, comprende todos los individuos que la componen, de cualquiera edad que sean; desde su nacimiento hasta su muerte: una parte de éstos será de memores, y la otra de mayores. La igualdad de la vida no es exactamente una misma en todos los climas y países; pero en general la minoridad en años, compone el número mayor; es decir, que el de las personas de menos de veinte y un años, es mas grande que el de mayor edad.

Esta diferencia en el número no es necesaria para establecer el principio que pienso establecer; pero sirve para manifestar su justicia con mayor fuerza. El principio sería siempre igualmente bueno, aunque la mayoría en años lo fuese también en el número.

Los derechos de los menores son tan sagrados como los de los mayores. La diferencia está únicamente en las edades de los dos partidos, y no en la naturaleza de los derechos; estos siempre son los mismos; y deben preservarse inmunes para la herencia de aquellos, cuando lleguen a mayor edad. Durante la minoridad de éstos, sus derechos están bajo la sagrada tutela de los mayores: los unos no pueden renunciarlos, ni los otros pueden disponer de ellos; y por consiguiente aquella parte de mayores que forma por aquel momento las leyes de una nación, gobierna por pocos años a aquellos que aun son menores y los deben reemplazar; y no tiene ni puede tener derecho para establecer una ley erigiendo un gobierno hereditario, o para hablar más claramente, una sucesión hereditaria de gobernadores; porque estableciendo semejante ley, cometen el atentado de privar a todos los menores de la nación de la herencia de sus derechos, antes de que lleguen a la mayor edad, y subyugarlos a un sistema de gobierno, al cual durante su menor edad no podían ni asentir ni contradecir. Por tanto, si la ley trata de prevenirse contra el privilegio que tiene esta parte de la nación de ejercer sus derechos llegando a la edad competente, como lo habría ejecutado estando habilitada por sus años al tiempo de establecerse: entonces innegablemente debe considerarse como una ley cuyo único objeto es el de quitar o anular los derechos de todos los individuos de la nación que se encuentran en la menor edad cuando se establece: por consiguiente no hubo derecho para establecer una ley semejante.

Paso ahora a hablar acerca del gobierno hereditario con respecto a las generaciones venideras; y a manifestar que tanto en este caso como en el de los menores, no puede haber en una nación derecho alguno para establecerlo.

Una nación, aunque existente en todos tiempos, está siempre en estado de renovarse por una continua sucesión; su curso no puede detenerse; cada día produce nuevos individuos, acerca los menores a la madurez, y arrastra los viejos a la tumba. En este no interrumpido curso de las generaciones no hay una parte superior en autoridad a la otra.

Si pudiéramos nosotros concebir superioridad en alguna, ¿en qué instante de tiempo, o en qué siglo del mundo fijaríamos su nacimiento? ¿A qué causa la a atribuiríamos? ¿Por qué evidencia la probaríamos? ¿Por qué criterio la conoceríamos? Una sola reflexión nos enseñará que nuestros antepasados no fueron durante su vida, sino como nosotros, unos censatarios en el gran feudo de los derechos; el absoluto señorío de estos, ni ellos lo tuvieron, ni lo tenemos nosotros: pertenece a la entera familia de los hombres en todas las edades. Pensar de otro modo, es pensar o como esclavos, o como tiranos: como esclavos, porque creemos que alguna de las generaciones pasadas tuvo autoridad, para obligarnos; y como tiranos, porque creemos tenerla para obligar a las que nos han de suceder.

No me parece fuera de propósito procurar definir lo que deba entenderse por una generación; y en que sentido se usa aquí de esta palabra.

Como que es un término natural, su significación es bastante clara. El padre el hijo y el nieto son distintas generaciones; pero cuando hablamos de una generación, describiendo las personas en quienes reside la autoridad legal, como distinta de otra con respecto a las personas que han de suceder, deben ser comprendidas en ella todas aquellas que son mayores de veintiún años en aquel tiempo; y una generación de esta especie continuará en la autoridad entre los catorce y veintiún años, esto es, hasta que el número de menores que habrá llegado a esta edad, sea más grande que el resto que haya quedado de la estirpe precedente.

Por ejemplo: si Francia, en este o en algún otro momento, tiene veinticuatro millones de almas, doce millones serán de hombres, y los otros de mujeres. De los primeros doce millones, seis serán de edad de veintiún años, y los otros de menos, y la autoridad de gobernar residirá en los primeros. Pero cada día habrá alguna alteración, y en el espacio de veintiún años cada uno de estos menores que sobreviven, habrá llegado a la edad competente, y la mayor parte de la anterior estirpe habrá desaparecido: la mayoría de los que entonces viven, y en quienes reside la autoridad, será compuesta de aquellos que veinte años antes no tenían existencia legal. Estos serán padres y abuelos a su turno, y en los siguientes veintiún años, o menos, otra raza de menores, llegada a la mayoría, les reemplazará; y así sucesivamente.

Como este es siempre el caso, y como quiera que cada generación es igual en derechos a otra, es consecuencia clara, que no lo puede haber en alguna para establecer un gobierno por sucesión hereditaria; porque sería suponerse ella misma señora de un derecho superior a las demás; esto es, el de determinar por su misma autoridad, como ha de ser gobernado el mundo en lo sucesivo, y quien deba gobernarlo. Cada edad y cada generación es, y debe ser por derecho, tan libre para obrar por sí misma en todos casos, como la edad y la generación que la ha precedido. La vanidad y presunción de gobernar aun desde mas allá de la tumba, es la más ridícula e insolente de todas las tiranías. El hombre no tiene propiedad sobre otro hombre; ni una generación la tiene sobre las que están por venir.

En la primera parte de *los Derechos del Hombre* he hablado del gobierno por sucesión hereditaria; y terminaré aquí con un extracto de esta obra en los dos capítulos siguientes.

Primero: Qué derecho tiene una familia para establecerse por sí misma con el poder hereditario.

Segundo: Qué derecho tiene una nación para establecer una familia particular con tales privilegios.

Con respecto al primero de estos capítulos (el de establecerse una familia por su misma autoridad, con poder hereditario independiente de la nación); todo hombre convendría en llamarlo despotismo, y cualquiera que intentase sostenerlo ofendería su propio entendimiento.

Con respecto al segundo capítulo (el de establecer una nación a una familia particular con poder hereditario), no se presenta como un despotismo a primera vista; pero si los hombres dan lugar a otras segundas reflexiones, y las llevan adelante, considerando, cuando no sus propias personas, las de su posteridad, verán entonces que la sucesión hereditaria viene a ser para los otros el mismo despotismo que las personas que les precedieron reprobaron para ellos. Esto es excluir el consentimiento de la generación que sigue, y la exclusión de, este consentimiento es despotismo.

Consideremos la generación que emprende establecer una familia con poder hereditario, separadamente de las generaciones que se han de seguir.

La generación que elige primero una persona, y la pone a la cabeza de su gobierno, bien sea con el título de rey, o bien con alguna otra distinción nominal hace su misma elección, sea sabia o loca, como un, libre agente de sí mismo. La persona así elevada no es hereditaria, sino propuesta y elegida; y la generación que la establece no vive entonces por esto bajo un gobierno hereditario, sino bajo un gobierno que ella misma ha escogido.

Aun cuando la persona elevada de este modo, y la generación que la eleva, viviesen para siempre; nunca seria sucesión hereditaria: y esta solamente se seguiría por muerte de una de las dos partes.

Siendo, pues, la sucesión hereditaria un asunto fuera de cuestión, con respecto a la primera generación que la establece; consideremos el carácter de esta, misma generación, y sus operaciones con respecto a la generación que comienza, y a las demás que la han de suceder.

Esta toma un carácter para el cual no ha tenido ni título, ni derecho; porque de legisladora pasa también a testadora, y legando el gobierno, afecta hacer un testamento que debe ejecutarse después de su muerte; y no solo atenta a legar, sino también a establecer sobre la generación venidera una nueva y diferente forma, bajo la cual ella misma no ha vivido.

Esta vivió, como se ha observado ya, no bajo un gobierno hereditario, sino bajo un gobierno hecho por su misma elección; y ahora intenta, sin más virtud que su voluntad, y un testamento que no tuvo autoridad para hacer, tomar de la generación que comienza, y las demás que se han de suceder, el derecho y libre agencia, en virtud de la cual esta obró para sí misma.

De cualquier modo que se considere la sucesión hereditaria, como naciendo de solo la voluntad y testamento de una nación precedente, no se presenta al entendimiento humano sino como un crimen y un absurdo.

La letra A no puede forzar la letra B para tomar de ella su propiedad, y dársela a la C; sin embargo, este es el modo con que se obra en lo que se llama sucesión hereditaria por ley: una cierta generación por un acto de su voluntad pretende, bajo la forma de una ley, quitar los derechos de la generación que comienza, y de todas las otras venideras; y los traspasa a una tercera persona, la cual asume el gobierno en consecuencia de este traspaso ilícito.

La historia del Parlamento inglés nos presenta un ejemplo de este género; y que merece ser recordado, como prueba la más grande de ignorancia legislativa, y la mayor falta de principios que se puede encontrar en la historia de cualquier país. El caso es como sigue.

El Parlamento inglés, en el año 1688, trajo a un hombre con su mujer de Holanda (Guillermo y María), y los hizo reyes de Inglaterra. Ejecutado esto, dicho Parlamento hizo una ley para traspasar el gobierno del país a los herederos de dichos reyes, concebida en los términos siguientes:

"Nosotros los señores temporales, espirituales y comunes, en el nombre del pueblo de Inglaterra, muy humilde y fielmente nos sometemos nosotros mismos, nuestros herederos y posteridades a Guillermo y a María, Sus herederos y posteridades para siempre."

Y en una ley siguiente, citada por Edmund Burke, el mismo Parlamento en el nombre del pueblo de Inglaterra que vivía entonces, obliga a dicho pueblo, a Guillermo y a María, sus herederos y posteridades hasta el fin del tiempo.

No basta reírse de la ignorancia de semejantes legisladores, es necesario probar también su falta de principios. La asamblea constitucional de Francia en 1789, incurrió en el mismo error que el Parlamento de Inglaterra, cuando estableció una sucesión hereditaria en la familia de los *Capetos*, por un acto de la Constitución de dicho año. Que cada nación, por el tiempo que viva, tenga derecho a gobernarse ella misma según le plazca, debe ser siempre admitido; pero gobierno por sucesión hereditaria es un gobierno para otra raza, y no para ella sola;

y así como aquellos sobre quienes deba ejercerse, no existían aun, o eran menores; así tampoco existía el derecho de establecerlo para ellos: asumir un derecho semejante sería una traición contra el derecho de la posteridad.

Termino aquí los argumentos, con respecto al primer capítulo sobre el gobierno por sucesión hereditaria, y paso a examinar el segundo sobre el gobierno por elección y representación, o como puede decirse más concisamente, gobierno representativo por contraposición al hereditario.

Habiendo probado que el gobierno hereditario no tiene ningún derecho para existir, y que debe excluirse de toda sociedad, resulta que el gobierno representativo es el mejor, y el que se debe admitir. Al contemplar el gobierno por elección y representación, no nos detendremos en inquirir como, cuando, o porque derecho existe: su origen está siempre a la vista. El hombre mismo es el origen y la evidencia de su derecho: le pertenece por su existencia, y su persona lo prueba.

La única verdadera base del gobierno representativo es la igualdad de derechos. Cada hombre tiene derecho a un voto, y no más, en la elección de representantes. El rico no tiene más derecho para excluir al pobre del derecho de votar o elegir y ser elegido, que el pobre tiene para excluir al rico; y siempre que una de las dos partes lo intente o se lo proponga, será una cuestión de fuerza y no de derecho. ¿Quién es aquel que querría excluir a otro? Ese otro tiene derecho para excluirlo a él. Aquello que se llama ahora aristocracia implica una desigualdad de derechos, ¿pero cuáles son las personas que tienen derecho para establecer esta desigualdad? ¿Los ricos se excluirán ellos a sí mismos?

No: ¿Se excluirán los pobres? **No**: ¿por qué derecho, pues, puede alguno ser excluido? Sería una nueva cuestión saber si algún hombre o alguna clase de hombres tiene derecho para excluirse a sí mismo; pero sea como fuere, lo cierto es que ellos no lo pueden tener para excluir a otro. El pobre nunca delegará un derecho como éste al rico, ni el rico al pobre; y asumirlo es no solamente asumir un poder arbitrario, sino arrogarse un derecho para cometer un robo.

Los derechos personales, entre los cuales el principal es el de votar por sus representantes, son una especie de propiedad del más sagrado carácter; y aquel que emplease su propiedad pecuniaria, y valido de su influjo, intentase quitar o robar a otro su propiedad de derecho, usarla de su dinero como si usase de armas de fuego; y merecería bien que se le quitase.

La desigualdad debe su origen a la combinación de una parte de la comunidad, que excluye a la otra de sus derechos. Siempre que se haga un artículo de constitución o ley, en que el derecho de votar o de elegir y ser elegido, pertenezca exclusivamente a un número de personas, que posea una cierta cantidad de bienes, sea grande o pequeña; es una combinación de aquellos individuos que poseen esta cantidad, para excluir a los que no la poseen: es revestirse de autoridad ellos mismos, y considerarse como parte superior de la sociedad para la exclusión de los demás.

Siempre debe considerarse como concedido u otorgado, que aquellos que se oponen a la igualdad de derechos, nunca quieren que la exclusión tenga lugar con respecto a ellos; y bajo de este aspecto se presenta la aristocracia como un objeto de risa. Esta vanidad tan agradable está sostenida por otra idea no menos interesada; y es que los que se oponen conciben bien que hacen un juego seguro, en que pueden tener la suerte de ganar sin el menor riesgo de perder; que de cualquiera manera el principio de igualdad los incluye; y que si no pueden obtener más derechos que las personas a quienes se oponen y quieren excluir, ellos no habrán perdido nada.

Esta opinión ha sido ya fatal a muchos miles, que no contentos con la igualdad de derechos, han solicitado más, hasta que lo han perdido todo, y han experimentado sobre sí mismos la degradante desigualdad que procuraban establecer sobre los otros.

De cualquier modo que se considere, es peligroso e impolítico, muchas veces ridículo, y siempre injusto, fundar en la riqueza el derecho de votar. Si la suma o cantidad de bienes de los sujetos en quienes deba recaer el derecho es considerable, será excluir la mayoría del pueblo, y unirla en un interés común contra el gobierno y contra aquellos que lo sostienen; y como quiera que el poder está siempre en la mayoría, esta puede muy bien destruir un gobierno semejante, y sus apoyos en el momento que quiera.

Si para evitar este peligro se fija como regla para el derecho una pequeña suma de bienes, esto mismo hace la libertad despreciable, por ponerla en competencia con unas cosas accidentales e insignificantes. Cuando una yegua pariese por fortuna un potro o una mala que valiese la suma estipulada, diese a su dueño el derecho de votar, muriendo se lo quitase, ¿en quién existiría el origen del tal derecho? ¿Sería en el hombre o en la mula?

Cuando nosotros consideramos cuantos medios hay de adquirir bienes sin mérito, y de perderlos por desgracia, rechazamos la idea de elegir la riqueza por base de los derechos.

Pero la parte más ofensiva en este caso es que esta exclusión del derecho de votar indica una nota de infamia en el carácter moral de las personas excluidas; y esto es cabalmente lo que ninguna parte de la comunidad tiene derecho a pronunciar contra la otra.

Ninguna circunstancia exterior puede justificarla; la riqueza no es prueba de carácter moral, ni la pobreza de falta de él: por el contrario, la riqueza es más veces la evidencia presuntiva de la maldad, y la pobreza la evidencia negativa de la inocencia. Por tanto, pues, si los bienes, sean pocos o muchos, se consideran como una regla para la preferencia, también deben tener parte en la consideración los medios que se han practicado para adquirirlos.

La única razón en que puede fundarse con justicia la exclusión del derecho de votar, sería el imponerla en lugar de castigo corporal, por un cierto tiempo, a aquellos que se propusiesen quitar este derecho a los otros.

El derecho de votar por sus representantes es el derecho primario, por el cual son protegidos todos los demás derechos. Quitar este a un hombre, es reducirlo al estado de la esclavitud, por cuanto esta consiste únicamente en estar sujeto a la voluntad de otro; y aquel que no tiene voto en la elección, de sus representantes, se halla en este caso.

La proposición, pues, de quitarle sus fueros a alguna clase de hombres es tan criminal, como la de quitarle su propiedad. Cuando nosotros hablamos del derecho, es necesario unir a esta palabra la idea del deber. Derecho viene a ser un deber por reciprocidad. El derecho de que un hombre goza, le impone la obligación de garantírselo a otro; aquel que viola esta obligación, incurre justamente en la pena de confiscación de derecho.

La fuerza y seguridad permanente, de un gobierno es proporcionada al número del pueblo que se interesa en sostenerle. La verdadera y mejor política, pues, debe ser interesar el todo por la igualdad de derechos; porque el peligro se origina de las exclusiones. Es posible excluir los hombres del derecho de votar;

pero es imposible excluirlos del de rebelarse contra esta exclusión; y cuando se les priva, violentamente de todos los otros derechos, el de la rebelión viene a ser perfecto y justo.

Mientras que los hombres podían ser persuadidos de que ellos no tenían derechos, o que éstos pertenecían a una cierta clase, o que el gobierno era una cosa que existía por un derecho en sí mismo, no era difícil gobernarlos por la autoridad. La ignorancia, en que se les tenía, y la superstición en que se les instruía, proveía los medios de hacerlo; pero cuando la ignorancia ha desaparecido, y la superstición con ella; cuando perciben el engaño en que han estado; cuando reflexionan que el cultivador y el fabricante son los medios primordiales de todas las riquezas que existen en el mundo, aún, mas allá de lo que produce espontáneamente la naturaleza; cuando comienzan a sentir sus consecuencias por su utilidad, y sus derechos como miembros de la sociedad; no es posible entonces gobernarlos más largo tiempo como antes. El fraude una vez descubierto, no puede ya repetirse. Intentarlo es provocar la risa, o promover una total destrucción.

Que la propiedad será siempre desigual, es cierto. La industria, la superioridad de talentos, la destreza de manejo, la estrenada frugalidad, las oportunidades felices, o lo contrario a todas estas causas, el tedio de ellas, producirán siempre este efecto, sin tener que recurrir a los duros y disonantes nombres de avaricia y de opresión: y fuera de esto hay hombres, que aunque no desprecian las riquezas, no se humillarán a la bajeza de los medios de adquirirlas, ni se incomodarán con el cuidado de ellas más de lo que exigen sus necesidades o su independencia; mientras que en otros hay un gran deseo de obtenerlas por todos los medios que no son reprensibles: este es el único negocio de su vida, y lo siguen como podían seguir su religión.

Todo lo que se requiere con respecto a los bienes de fortuna, es obtenerlos con honradez, y no emplearlos criminalmente, pero ellos serán empleados con criminalidad, siempre que sirvan de regla para derechos de exclusión.

En las instituciones que son puramente pecuniarias, como las de un banco o una compañía mercantil, los derechos de los miembros que componen la compañía, son enteramente creados por la propiedad que ellos han puesto en ella;

y ningún otro del recio es representado en el gobierno de la compañía, sino los que se originan de la propiedad; ni tiene este gobierno conocimiento de alguna otra cosa que de su propiedad.

Pero el caso es del todo diferente con respecto a la institución o gobierno civil organizado bajo el sistema de representación. Un gobierno semejante tiene conocimiento sobre todas las cosas y sobre todos los hombres, como miembros de la sociedad nacional, bien tengan o no propiedad; y por tanto el principio requiere que todos dos hombres y todo género de derechos sean representados: y uno de ellos es, aunque no el mas importante, el derecho de adquirir y disfrutar propiedades. La protección de la persona de un hombre es más sagrada que la protección de los bienes de fortuna; y además de esto la facultad de hacer cualquier trabajo o servicio, por medio del cual adquiera el alimento o mantenga su familia, entra en la naturaleza de propiedad: esta facultad es una propiedad para él; la ha adquirido, y es el objeto de su protección tanto como pueden ser para los otros sus bienes adquiridos por cualquier medio.

Yo siempre he creído que la seguridad mejor para la propiedad, sea poca o mucha, es quitar a todas las partes de la comunidad, lo más que sea posible, toda causa de queja, y todo motivo de violencia; y esto solamente puede conseguirse por una igualdad de derechos. Cuando los derechos están seguros, lo está por consecuencia la propiedad; pero cuando la propiedad sirve de pretexto para derechos desiguales o exclusivos, entonces debilita el derecho de gozar la propiedad, y provoca la indignación y el tumulto; porque no es natural creer que la propiedad puede estar segura, bajo la garantía de una sociedad injuriada en sus derechos por la influencia de dicha propiedad.

A la injusticia y mala política de hacer servir la propiedad de pretexto para derechos exclusivos, se sigue el absurdo inexplicable de dar h un mero sonido la idea de propiedad, y agregarle ciertos derechos; porque ¿qué otra cosa es un título, que un sonido? La naturaleza está frecuentemente dando al mundo algunos hombres extraordinarios, que llegan a la fama por el mérito y consentimiento universal, como *Aristóteles, Sócrates, Platón*, etc. Estos eran verdaderamente grandes o nobles. Pero cuando el gobierno establece una manufactura de nobles, es tan absurdo como si emprendiese una manufactura de hombres sabios: sus nobles son todos contrahechos.

Así cómo la propiedad bien adquirida está mejor asegurada por la igualdad de derechos, así también la mal ganada hace consistir su protección en un monopolio de ellos. Aquel que ha robado a otro su propiedad, se empellará seguidamente en privarle de sus derechos para asegurarse en ella; porque cuando el ladrón se hace legislador, se cree asegurado. La parte del gobierno de Inglaterra, que se llama la Sala de los Lores, fue compuesta en su origen de personas que cometieron los robos de que estoy hablando. Fue una asociación para la protección de la propiedad que ellos dicen ser usurpada.

La aristocracia además de la criminalidad de su origen produce un efecto injurioso en el carácter moral y físico del hombre: ella debilita como la esclavitud, las facultades humanas; porque así como el espíritu abatido por esta; pierde en el silencio la elasticidad de sus potencias; también así también por él extremo contrario, cuando, está exaltado por la locura, se hace incapaz de servirse de ellos, y cae en la imbecilidad.

Es imposible que un espíritu qué se entretiene y ocupa de cintas y de títulos pueda jamás ser grande: las infantiladas de los objetos consumen al hombre.

Es necesario en todos tiempos, y más particularmente mientras dura el progreso de una revolución, y hasta que el hábito confirme las ideas virtuosas, que hagamos revivir frecuentemente nuestro patriotismo, con el recuerdo de los primeros principios. Para bien entender el espíritu de las instituciones, es preciso tener siempre a la vista el origen de ellas.

Una investigación de nuestro origen nos demostrará que los derechos no son regalos de un hombre a otro, ni de una clase de hombres a otra clase; porque ¿quién es aquel que sería el primer donador, o por qué principio, o con qué autoridad podría él poseer la facultad de darlos?

Una declaración de los derechos no es ni una creación ni una donación de ellos, sino una manifestación del principio por el cual ellos existen, acompañada de un pormenor de lo que son en sí mismos; porque cada derecho civil tiene uno natural por fundamento, que incluye el principio de una garantía recíproca de estos derechos, de un hombre para con otro.

Así, pues, como es imposible descubrir algún origen de derecho, que no se derive del mismo hombre; así consecuentemente se sigue que los derechos pertenecen al hombre por el derecho de su sola existencia, y deben por lo mismo ser iguales a todos.

El principio de una igualdad de derechos es claro y sencillo. Todos los hombres pueden entenderlo, y entendiendo sus derechos, ellos conocen sus deberes; porque donde los derechos de los hombres son iguales, cada uno debe finalmente ver la necesidad de proteger los de los otros, como que es el medio más eficaz de asegurar los suyos propios.

Pero si al formar una constitución nos apartamos del principio de la igualdad de derechos, o intentamos alguna modificación en ellos, nos internamos en un laberinto de dificultades, donde no encontraremos camino para salir. ¿Dónde nos fijaremos, o por qué principio hallaremos el punto en que nos hemos de detener para distinguir entre hombres de un mismo país, qué parte de ellos deba ser libre y cual no?

Si la propiedad sirve de regla, será extraviarse íntegramente de todo principio moral de libertad; porque se atribuyen derechos a la mera materia, y se hace al hombre el agente de ella: es a mas de esto presentar la propiedad como una manzana de discordia, y no solamente excitar, sino justificar una guerra contra ella; porque yo sostengo el principio, que cuando se usa de la propiedad como de un instrumento para quitar sus derechos a aquellos que por una casualidad no la poseen, es usada para un fin ilegal, como serían las armas de fuego en un caso semejante. La naturaleza en su estado primitivo hizo a todos los hombres iguales en derechos, pero no en poder; el débil no puede protegerse a sí mismo contra el fuerte.

Siendo este el caso, la institución de la sociedad civil tiene por objeto formar una ecuación de poderes, que sean paralelos y garantes de la igualdad de derechos: las leyes de un país cuando son hechas con propiedad, concurres a este fin.

Todos los hombres para su protección se valen del brazo de la ley, como más fuerte que los suyos mismos; y por tanto, cada hombre tiene un derecho igual en la formación del gobierno, y de las leyes que deben gobernarlo y juzgarlo.

En los países y sociedades demasiado extensas, como en la América y Francia, cada individuo solo puede ejercer este poder por delegación; esto es, por elección y representación: y de aquí es que nace la institución del gobierno representativo.

Hasta ahora me he limitado a las materias de principio solamente: **primero**, que el gobierno hereditario no tiene derecho para existir; que no puede ser establecido por principio alguno de derecho; y que antes por el contrario, es una violación de todos los principios.

Segundo, que el gobierno por elección y representación tiene su origen en los derechos naturales y eterno del hombre; porque bien sea que el hombre fuese su mismo legislador, como lo seria en aquel primitivo estado de la naturaleza; o bien que ejerciese su porción de soberanía legislativa en su misma persona, como podría suceder en las pequeñas democracias, donde todos se pueden juntar para la formación de las leyes, por las cuales deben gobernarse; o bien ya que la ejerciese en la elección de las personas que le han de representar en la asamblea nacional de los representantes, el origen del derecho es el mismo en todos los casos.

El primero, como se ha dicho antes, es defectivo en poder; el segundo es practicable solamente en democracias de pequeña extensión; el tercero es la mayor escala sobre que puede establecerse un gobierno humano.

A las materias de principios se siguen las de opinión, y así es necesario hacer una distinción entre las dos. Si los derechos del hombre han de ser iguales, no es un asunto de opinión, sino de derecho, y por consiguiente de principio; porque los hombres no poseen sus derechos como otorgamiento de uno a otro, sino cada uno como derecho propio.

La sociedad es el curador de ellos, pero no el donador: y como en las sociedades dilatadas, como en la América y Francia, el derecho de los individuos en materia de gobierno no puede ejercerse sino por elección y representación se sigue consecuentemente, que donde la simple democracia es, impracticable, el único sistema fundado en principios es el representativo.

Pero como en cuanto a la parte orgánica, o la manera en que las diferentes partes del gobierno se han de ordenar y componer; es justamente materia de opinión; es necesario que todas las partes estén de acuerdo, con el principio de igualdad de derechos; y mientras mas religiosamente se adhieran a este principio; menos podrán introducirse errores materiales, ni continuarán mucho tiempo en, aquella parte que, toca a las materias de opinión.

En todas las materias de opinión el pacto social, o el principio por el cual debe gobernarse la sociedad, requiere que la mayoría de opiniones sea una regla para todo, y que la minoría rinda una obediencia práctica a aquella. Esto está perfectamente de acuerdo con el principio de igualdad de derechos; porque en primer lugar, se supone no saberse de antemano, de que partido será la opinión de un hombre en cualquiera cuestión, bien sea en favor o en contra:

bien puede suceder que en algunas cuestiones él se halle en el número de mayoría, y en otras en el de la minoría; y por la misma regla que espera obediencia en él un caso, debe también prestarla en el otro.

Todos los desórdenes que se han suscitado en Francia durante el progreso de la revolución, han tenido su origen, no en el principio de la igualdad de derechos, sino en la violación de este principio. El principio de igualdad de derechos ha sido repetidas veces violado, y no por la mayoría, sino por la minoría; y esta ha sido compuesta de hombres que poseían propiedades, igualmente que de los que no las poseían; lo que prueba bien que la propiedad, a más de lo que la experiencia enseña, no es mas prueba de carácter, que de derechos.

Sucederá muchas veces que la minoría tenga razón y la mayoría no; pero luego que la experiencia pruebe ser este el caso; la minoría vendrá a ser la mayoría, y el error se reformará él mismo por la tranquila operación de la libertad de opiniones, y la igualdad de derechos.

Nada puede entonces justificar una insurrección, ni puede jamás ser necesaria, cuando los derechos son iguales, y las opiniones libres.

Tomando, pues, el principio de igualdad de derechos como el fundamento de la revolución, y consecuentemente de la Constitución, la parte orgánica, o la manera en que las diferentes partes del gobierno se han de ordenar en la Constitución, tocará, como se ha dicho ya, a la materia de opinión.

Varios métodos se presentarán en una cuestión de este género, y aunque la experiencia falta todavía para determinar cuál sea el mejor; con todo, yo pienso que ella ha decidido suficientemente cual es el peor. Aquel es el peor que en sus deliberaciones y decisiones está sujeto a la precipitación y pasión de un individuo; y cuando la legislatura entera está concentrada en cuerpo, es un individuo en masa.

En todos los casos de deliberación es necesario tener un cuerpo de reserva; y es mucho mejor dividir la representación por suerte en dos partes, y dejarlas que se revisen y corrijan la una a la otra, que no que el todo se junte y debata a un mismo tiempo.

El gobierno representativo no está necesariamente limitado a alguna forma particular: el principio es uno mismo en todas las formas bajo las cuales puede ser coordinado.

La igualdad de derechos del pueblo es la raíz de donde dimanan todas, y sus diferentes ramos pueden ser organizados con arreglo a la opinión presente, o como mejor lo enseñe la experiencia futura.

Por lo que respecta al Hospital de incurables (como llama Chesterfield a la **cámara de los Lores** en Inglaterra), él no es sino la excrecencia de la corrupción; y no hay masa afinidad o semejanza entre alguno de los ramos de un cuerpo legislativo, originado del derecho del pueblo, y la dicha Sala de Lores, que entre un miembro regular del cuerpo humano y un lobanillo gangrenado.

En cuanto a la parte del gobierno que se llama ejecutivo, es necesario en primer lugar fijar una precisa significación de la palabra. No hay sino dos divisiones en que pueda ordenarse el poder.

Primera, deliberar, querer o decretar leyes.

Segunda, ejecutarlas o ponerlas en práctica.

La primera corresponde a las facultades intelectuales del espíritu humano, que raciocina y determina lo que deba hacerse; la segunda al poder mecánico del cuerpo humano, que pone, está determinación en práctica.

Si la primera decide y la última no ejecuta, es un estado de imbecilidad; y si la última ejecuta sin que preceda la determinación de la primera, es un estado de frenesí.

El departamento ejecutivo por tanto es oficial, y está sujeto al legislativo, como lo está el cuerpo al espíritu en estado de salud; porque es imposible concebir la idea de dos soberanías, una con respecto al querer, y otra con respecto al ejecutar. El ejecutivo no está revestido con el poder de deliberar si se ha de obrar o no; él no tiene autoridad de discreción en el caso; porque no puede hacer otra cosa, que lo que la ley decreta, y está obligado a obrar con arreglo a ella; y en esta consideración el ejecutivo está compuesto de todos los departamentos oficiales que ejecutan las leyes, entre los cuales tiene la primacía el que se llama poder judicial.

Pero el género humano ha concebido la idea de que es necesario otro género de autoridad, para velar sobre la ejecución de las leyes, y cuidar de que sean fielmente ejecutadas; y confundiendo esta autoridad superintendente con la re-ejecución oficial, nos encontramos embarazados acerca del término de poder ejecutivo.

Todas las partes en el gobierno de los Estados Unidos de América que se llaman **EJECUTIVO**, no son otras que las autoridades para velar en la ejecución de las leyes; y son tan independientes del **LEGISLATIVO**, que solamente lo conocen por las leyes, y no pueden ser gobernadas, o dirigidas por él por ningún otro medio.

El modo con que esta autoridad superintendente deba ordenarse y organizarse, es asunto de mera opinión. Algunos pueden preferir un método y otros otro; y en todos los casos en que se interesa la opinión solamente, y no los principios, la mayoría de opiniones forma la regla para todos. Hay, sin embargo, algunas cosas que se pueden deducir por la razón, y probar por la experiencia, que sirven para guiar nuestra decisión en el caso.

La una es, no revestir jamás a ningún individuo de un poder extraordinario; porque además de ponerlo en la tentación de hacer mal uso de él, seria excitar una contienda y conmoción en el pueblo, por aspirar al empleo: y la otra es no poner un poder dilatado o duradero en las manos de algún número de individuos. Los inconvenientes que pueden suponerse para relevarlos con frecuencia, son menos temibles que el peligro que se origina de una larga continuación en el oficio.

Concluiré este discurso con ofrecer algunas observaciones sobre los medios de preservar la libertad; porque no es solamente necesario el que la establezcamos, sino también el que la conservemos.

Es necesario en primer lugar, que hagamos una distinción entre los medios que se han usado para destruir el despotismo, con el fin de preparar la vía al establecimiento de la libertad, y los que se han de usar después de destruido.

Los medios de que se hace uso en el primer caso, son justificados por la necesidad. Estos son generalmente las insurrecciones; porque mientras el gobierno establecido de despotismo continúa en algún país, casi no es posible que se pueda usar de otro. Es también cierto que al principio de una evolución el partido revolucionario se permite a sí mismo el ejercicio del poder a su discreción, reglado mas bien por las circunstancias quo por los principios; porque nunca se establecería de otro modo la libertad, y si se estableciera, seria bien pronto trastornada.

Nunca es de esperar que todos los hombres en una revolución hayan de mudar de opinión era un mismo instante: jamás hubo una verdad o principio tan irresistiblemente evidente, que fuese creída por todos los hombres a un mismo tiempo:

la razón y el tiempo deben cooperar uno con otro al establecimiento final de algún principio; y por tanto, aquellos que fueren convencidos los primeros, no tienen derecho para perseguir a los otros, en quienes la convicción obra más lentamente. El principio moral de las revoluciones es instruir y no destruir.

Si se hubiera establecido una constitución dos años antes, como debió haberse hecho se habrían prevenido, a mi parecer, las violencias que después han desolado le Francia e injuriado el carácter de la revolución: la nación habría tenido entonces un punto de reunión, y cada individuo habría conocido la senda que debería seguir en su conducta. Pero en vez de hacer esto; fue substituido en su lugar un gobierno revolucionario, una forma sin ningún principio o autoridad: la virtud y el vicio dependían indistintamente de los acontecimientos; y lo que era patriotismo un día, venía a ser traición al siguiente.

Todo esto era consecuencia de la falta de una constitución; porque la naturaleza e intención de una constitución es prevenir el ser gobernado por partidos, estableciendo un principio común, que limitará y gobernará el poder e impulso del partido, y que dirá a todos los partidos: ***HASTA AQUÍ LLEGARÁS, Y NO MÁS.***

Pero a falta de una constitución, el hombre mira enteramente al partido; y en vez de gobernar los principios al partido, éste gobierna a los principios.

El deseo de castigar es siempre peligroso en la libertad, y hace que los hombres se extiendan a interpretar y aplicar mal aun la mejor de las leyes. Aquel que quiere ver segura su misma libertad, debe liberar hasta su enemigo de la opresión; porque el que viola este deber, establece un mal ejemplo que otro día le alcanzará a si mismo.

CONTEXTO DE LA ÉPOCA DE PAINE

El trabajo más famoso de Thomas Paine es *El Sentido Común*, editado a manera de folleto, y que era leído por todas las tabernas y negocios de la colonias americanas y que ayudó a animar a los americanos a luchar contra los ingleses en su independencia y fundar la primera república representativa con separación de poderes en todo el planeta; vendió más de 150.000 copias en sólo tres meses. Posteriormente se publicó *Los Derechos del Hombre* que conserva los mismos estándares y expectativas del anterior, y es igualmente útil para provocar e interpelar, aunque se trata de un trabajo más profundo, teórico y extenso, y en su época tuvo un impresionante tiraje cercano a un millón de copias. Sin duda alguna cifras escandalosas para su tiempo.

En la actualidad, a pesar de la expansión de tecnologías y medios de comunicación, son escasos los periodistas, académicos o políticos que gozan de la misma influencia y reconocimiento popular que tuvieron estas obras y el carisma de Paine. Ambas son representantes de la Ilustración, y en su estilo combinó la activa militancia —incluso cargó el mosquete en combate— con un lenguaje claro y ordinario, lo que permitió su amplia difusión.

En el último tercio del convulso siglo 18, las colonias padecieron leyes e impuestos —no aprobados por el parlamento británico, como la Ley del Timbre o las Leyes Townshend— lo que derivó en una grave y violenta agitación social, que fue reprimida constantemente por la fuerza.

Las principales críticas al monarca Jorge III empleaban un lenguaje muy técnico y legal, cuyo objetivo era combatir la validez y justicia de sus decisiones sobre las colonias, y sobre todo enfocaban los cuestionamientos a los ministros.

Para definir su posición y acciones, las colonias se agruparon en torno al Congreso Continental (1774 y 1775) en Filadelfia, donde entre la pluralidad de voces y soluciones se encontraban quienes apelaban por la diplomacia y en favor de la negociación con la Corona.

La diferencia de cuestionamientos y visiones prevalecientes no sólo fue de forma, sino de fondo y de conceptualización del adversario. En ese contexto, y ya iniciada la revolución, vio la luz El sentido común (1776), panfleto que se convirtió en la narrativa ágil y familiar que fue abrazada por la sociedad. *"Mientras que (John) Adams defendió las demandas americanas en favor de su soberanía legal sobre sus propios asuntos nacionales...*

Paine abanderó el argumento de que una isla no puede gobernar un continente… lanzó un ataque frontal contra Jorge III y la idea de la monarquía misma".

Sin duda, sus baterías las enfocó certeramente contra la corrupción y tiranía de la monarquía británica, cuestión que nadie había osado hacer con esa contundencia y temeridad. Así, Thomas Paine lanzó esta histórica convocatoria: *"La causa de América es en mayor medida la causa de toda la humanidad… El nacimiento del mundo está en nuestras manos".* Su radicalismo, su sentido de oportunidad y prosa hicieron a los norteamericanos sentir que el momento de la libertad había llegado, y así la balanza se inclinó para que el 4 de julio de 1776 se firmara la Declaración de Independencia de los Estados Unidos. Si bien es difícil identificar la influencia directa de El sentido común en la declaración, protagonistas como Adams reconocieron la aportación de Thomas Paine a la causa de la independencia.

Una vez concluido el movimiento revolucionario, Paine regresó en 1787 a Londres, donde continuó su activismo y vivió de cerca la Revolución francesa de 1789, cuya ópera prima fue la declaración de los *Derechos del Hombre y del Ciudadano*, publicada el 26 de agosto de 1789.

En este histórico documento se afirma que *"la ignorancia, olvido o desprecio de los derechos del hombre son las causas únicas de las desgracias públicas y de la corrupción de los gobiernos"*, razón por la cual se emite dicha Declaración, que contiene *"los derechos naturales, inalienables y sagrados del hombre... para recordar (a la sociedad) sus derechos y deberes"*

Entre los principios consagrados en dicho documento se encuentra la "libertad e igualdad en derechos" que por nacimiento tienen los hombres, así como la definición fundamental del objetivo de toda asociación política: *"la conservación de los derechos naturales e imprescriptibles del hombre"*, *los cuales son "la libertad, la propiedad, la seguridad y la resistencia a la opresión"*, *cuyo ejercicio no tiene límites "más que aquellos que aseguran a los otros miembros de la sociedad el goce de los mismos derechos"* y que no pueden estar determinados por la ley —aspecto fundamental, pues impide a los parlamentos restringirlos, dada su superior naturaleza—. Una vez publicada esta declaración, pasaron cerca de dos años para que, en 1791, se publicara la primera Constitución de Francia, que definió la estructura orgánica del poder.

Justo en medio de la aprobación de estos dos procesos se da uno de los debates políticos y filosóficos más apasionantes y profundos de la Ilustración del cual resurge Thomas Paine.

Thomas Jefferson, dijo sobre este volumen de Paine: *"no tengo duda de que nuestros ciudadanos se reunirán una segunda ocasión alrededor del estándar de El sentido común"*,

La idea básica de **El sentido común**, en cuanto a no sólo cuestionar el origen de la divinidad que legitima la autoridad de un monarca, sino invertir la ecuación y poner el centro de gravedad sobre los derechos naturales del individuo, que son previos y superiores a aquél, lo cual se fortalecía con el principio de igualdad ante la ley y de soberanía popular. Es un gran paso en la separación entre la sociedad civil y el Estado, que equivale a un giro copernicano sin el cual no podría entenderse la democracia moderna.

Este volumen está basado en el aparentemente original y la única edición hispanoamericana contemporánea del **Common Sense de 1820** de Thomas Paine, el breve tratado que animó a republicanos en todo el mundo atlántico y que era recitado en todas las partes de América y Europa tanto en círculos académicos, tertulias, cafés y tabernas. El nombre del traductor es probablemente apócrifo.

Otra versión, aparentemente completa, traducida por Vicente Rocafuerte, el futuro presidente de Ecuador, apareció en Filadelfia en 1821 como parte de sus *ideas necesarias á todo pueblo americano independiente que quiera ser libre.*

Libros recomendados en AMAZON

Tu apoyo es fundamental para Colin Rivas, que está aguantando al 100% gracias a las donaciones de fans y suscriptores como tú. Apoynos haciendo una donación a: PAYPAL

►1. Web: http://www.colinrivas.tv

►2. Únase a mi telegrama https://t.me/TheColinRivasShow

►3.US y EU https://www.amazon.com/-/e/B07SJJ3R5Q

¡Gracias por su apoyo!

PAYPAL https://paypal.me/COLINRIVASSHOW